AF409621

Mon AMI

Carole Danielle KOUADIO

CIP a Camerei Naţionale a Cărţii

Kouadio, Danielle Carole.

Mon AMI / Carole Danielle Kouadio. – Chişinău : Generis Publishing, 2020 (Print on demand). – 52 p.

ISBN 978-9975-9787-9-8.

821.133.1(666.8)-31

K 77

Cover image: www.pixabay.com

Generis Publishing
Online orders: www.generis-publishing.com
Orders by email: info@generis-publishing.com

Ce livre témoignage que j'ai le plaisir de vous présenter, je le dédie à un ami. Un ami qui me connaissait avant même que je sois dans ce monde. Il était là avec moi, me suivait de son regard d'amour, dans tous mes petits mouvements de nouveau-né.

Cher lecteur, ce livre est une histoire d'amour entre cet ami et moi. A l'âge de trois ans et trois mois en septembre 1990 précisément, je vais être attirée par la présence à mes côtés de cet ami. Mon regard va à son tour rencontrer celui perçant mais doux de MON AMI. Ce fut le début d'une histoire d'amour.

Je rends gloire à DIEU le maitre de tous les temps, l'ami fidèle, le père véritable, celui qui dit et la chose arrive, le socle de ma vie, mon rédempteur et mon sauveur. Je veux saluer mon ami de tous les jours, de tous les temps, l'excellent, le fidèle JESUS CHRIST DE NAZARETH.

Pour toi JESUS MON AMI, je me fais fort d'embrasser un métier celui d'écrivain dans le seul but de t'honorer.

Comme Il est écrit dans 1pierre 1 :24-25, tout passe, mais ta parole demeure éternellement, Je désire que ces paroles inscrites dans ce témoignage demeurent devant ta face pour toujours. Qu'elles soient la preuve de ma reconnaissance à toi MON AMI pour ta présence dans ma vie.

Ma prière est qu'un grand nombre découvre ce livre et qu'il comprenne l'Amour dont le père m'a aimée. Amour, qu'il donne librement à tous.

Ceci est une histoire d'amour, une histoire merveilleuse entre un père et sa fille, un ami et son amie et un fiancé et sa fiancée. Cette histoire mérite d'être sue de tous, afin que toute personne (ma postérité, mes amis et connaissances, tous les lecteurs) trouve ici l'expression de ma reconnaissance envers le DIEU de l'univers.

Bonne lecture.

Je suis madame Kouadio Danielle carole, née le 11 juin 1987 à YAMOUSSOUKRO en COTE D'IVOIRE. Je suis mariée et mère de quatre merveilleux enfants (Othniel, Aurore, Marie Ange et Ange Emmanuelle). Je suis la deuxième d'une famille de trois enfants. J'ai grandi dans une atmosphère spirituelle polluée parce que je suis issue d'une famille élargie où la sorcellerie bat son plein. Ma mère très tôt m'a montré le chemin de l'église. Ma vie, celle de mes parents et de mes sœurs n'étaient qu'attaques et combats spirituels. Mais DIEU était toujours à mon côté prêt à me délivrer de mes bourreaux. Il faut dire que depuis mon enfance DIEU se révèle à moi d'une manière particulière. Je pouvais sentir sa présence, et l'entendre dans mon esprit, (non audiblement) me parler. Je prenais plaisir à converser avec lui à échanger avec lui comme on échangerait avec un homme, un ami. Parfois, il se présentait à moi comme un ami, parfois comme un père, parfois comme un fiancé. Par moment il était tout simplement DIEU, L'ETERNEL. Quelquefois quand j'étais triste, je pouvais sentir qu'il était triste aussi, et dans ces moments-là il me parlait d'une voix pleine d'amour et de compassion pour m'apaiser et me redonner le sourire et la joie de vivre.

MON AMI DISSIPE MA TRISTESSE

Je me souviens l'année où j'avais perdu ma grande mère en septembre 1990.Je devais avoir 3 ans et 3 mois. Ce jour-là, j'ai pris conscience que mes parents me quitteraient aussi à leur tour un jour. Je fus alors envahie d'une profonde tristesse ; Je refusai de jouer avec mes amis et de manger. Je me suis cachée dans un coin de la maison, et j'étais très malheureuse. Soudain mon ami s'est approché de moi, et j'ai senti son regard plein d'amour et de compassion. Il avait voulu parler avec moi comme d'habitude. Mon état l'affectait beaucoup. Je lui ai dit mon ami, excuse-moi car je ne peux discuter avec toi, je suis triste. Je pleure mes parents parce que je sais qu'un jour je ne les verrai plus ; Je suis très malheureuse mon ami. Il était épris de compassion pour moi. Je pouvais ressentir sa tristesse et sentir ses bras m envelopper. Il m'a dit mon amie, aujourd'hui moi DIEU, je te promets de veiller sur tes parents. Ils ne mourront pas jusqu' à ce que tu aies grandies, tu te sois mariée, tu aies eu tes enfants ; Moi DIEU je te le promets. J'ai cru en la parole de mon ami, et j'ai retrouvé ma joie de vivre. J'ai pleuré de joie pour le cadeau qu'il venait de me faire et je lui ai dit merci. J'ai senti qu'il était ému de me voir si heureuse. La tristesse a disparu de mon cœur et je me suis mise à discuter avec lui. Jusqu'à ce jour où je vous écris mes parents sont encore en vie et le resteront encore longtemps. Biens aimés frères et sœurs, la prière ce n'est pas s'enfermer dans sa chambre et suivre une procédure ou des formalités, ensuite monologuer et terminer en disant amen. La prière c est communiquer, échanger avec DIEU.DIEU veut échanger avec nous et discuter, rire avec nous. Je l'ai expérimenté depuis mon enfance et je l expérimente toujours. La Bible dit que lorsqu' ADAM et EVE était dans le jardin, DIEU venait les visiter et causer avec eux *GEN 2 :16-17*. DIEU n'est pas un DIEU virtuel. Il est réel et palpable. Celui qui a créé la bouche ne parle-t-il pas ? Dans l'ancien testament DIEU communiquait avec ses serviteurs. Il causait avec ABRAHAM. Lorsque DIEU voulait détruire Sodome et Gomorrhe, il a dit, cacherais-je mes desseins à Abraham mon serviteur ? DIEU avait une réelle relation avec Abraham à tel point qu'il s'en voulait du fait qu'Abraham ne sache pas ce qu'il voulait faire. La Bible déclare que lorsque DIEU a révélé ses desseins à ABRAHAM, celui-ci a fortement négocié avec l'Eternel. *Gen 18 :20-32* Ceci pour dire que DIEU parle. Il est réel.

Durant mon enfance, j'ai entretenu cette relation particulière que j'avais avec DIEU et il se montrait fidèle. Il me révélait des choses dans les songes et je les racontais à ma mère, qui prenait soin de les noter dans son calepin. Cependant malgré cette relation avec DIEU je subissais beaucoup d'attaques de l'ennemi ce qui me rendait par moments malheureuse et assombrissait ma foi.

L'AMIE SORCIERE

Dans ma tendre enfance, J'avais une amie avec qui j'avais l'habitude de passer tout mon temps lorsque je n'étais pas à l'école. Mais quelque chose en elle me troublait. Lorsque nous jouions toutes les deux, il arrivait souvent qu'elle me prenait par le poignet et me serrait très fort le bras à tel point que je souffrais énormément. Chose surprenante c'est qu'elle semblait être en ce moment-là une toute autre personne. Elle avait une grande force si bien que tous mes efforts pour retirer ma main de la sienne restaient vain. Après quelques moments elle revenait en elle-même, et relâchait son étreinte. Elle m'effrayait mais je ne cessais de jouer avec elle. Un jour après que la même scène s'est reproduite, elle me dit ceci sur un ton grave : « Dani, quand je suis avec toi, quelque chose me dit de te tuer, quelque autre chose me dit de ne pas te tuer. De choisir quoi ? » surprise je lui répondis fais comme tu veux et la quittai. Ce jour-là j'ai compris que celle que je considérais comme ma meilleure amie était en fait un agent du diable qui cherchait à m'ôter la vie. Mais JESUS CHRIST DE NAZARETH, MON AMI était toujours là pour me protéger et me garder. Je devais avoir en ce moment entre 08 et 9 ans. Outre cela, je recevais une série d'attaques.

LA DANSE DES SORCIERS

Une nuit, j'ai vu dans mon rêve des hommes venir dans la chambre où nous dormions. Ils dansaient autour d'une grande marmite posée sur un feu de bois. A un moment donné l'un d'eux s'est approché de moi et m'a fait sortir de mon corps pour me faire entrer dans la marmite. Ensuite ils se sont mis à danser autour de moi. J'ai crié JESUS sauve moi. Dès que j'eus appelé JESUS, j'ai vu un être éclatant traverser le plafond de la chambre avec une épée qu'il tenait levée dans sa main droite. A la vue de cet être, l'un de mes détracteurs a crié « fuyons elle a appelé son même type là encore> ». Ils se sont donc enfuis me laissant dans la marmite. Il s'est alors approché de moi, m'a prise dans ses bras et m'a fait sortir de la marmite. Ensuite, il est venu à l'endroit où j'étais couchée et m'a fait coucher dans mon corps et je suis revenue à moi-même. J'ai senti sa main sur mon épaule, et j'ai caressé mon épaule comme pour toucher sa main, j'ai souri d'un sourire radieux, j'ai dit merci mon ami et je me suis rendormie dans la joie et la paix.

Satan dès mon enfance a voulu m'avoir dans son camp. Il n'a cessé de ménager aucun effort pour arriver à ses fins. J'ai eu une enfance riche en grâce et en présence de DIEU mais également avec des attaques. En effet J'ai subi des attaques et des menaces atroces.

L'EAU, LA MORT

Je me rappelle qu'une nuit j'ai fait un songe ou je voyais des êtres étranges avec de longs ongles. Ils me piquaient avec leurs ongles et je recevais comme des décharges électriques dans mon corps. Ça a duré un moment et après l'un d'eux juste avant de s'en aller m'a dit ceci : demain à ton réveil si l'eau te touche, tu mourras ; A mon réveil la baby Sitter voulait me préparer pour l'école. Je devais donc prendre ma douche. Je me suis mise à pleurer et à crier comme une folle, à courir dans toute la maison. Malgré mes cris et mes supplications, elle m'a mise de force dans la douche et a retiré mes habits. A la vue de l'eau dans le sceau j'ai commencé à pleurer à chaudes larmes, pensant à cette mort qui m'attendait ; Lorsqu'elle a versé l'eau sur moi je croyais que j'allais mourir dans les secondes qui suivaient, rien ne se produisit. Elle versa l'eau encore et encore, me lava, rien ne se produisit. Je sentis au contraire la présence de mon amie qui me souriait (je ne le voyais pas de me yeux physiques) mais je le sentais. Son regard tendre et plein d'amour se posait sur moi. Il était là mon ami mon sauveur et une fois de plus il me délivra de la main de mes ennemis.

Ce jour-là, en classe pendant les cours, ces démons venaient pour me piquer avec leurs ongles et me torturer sans que mes autres amis ne les voient. Ils l'ont fait pendant un moment et ont disparu. Mes nuits n'étaient que cauchemars et attaques, mais mon ami me délivrait toujours de leurs mains.

LA MARCHE VERS LA MORT

Je faisais très souvent des songes où j'étais sur une route seule en train de marcher. Je marchais, marchais et un moment donné, une personne apparaissait devant moi, parfois me menaçait de rebrousser chemin, parfois me regardait avec un regard plein d'amour et me demandait de me retourner. Quelques fois, il me prenait par la main et retournait avec moi et je me réveillais soudainement. Une fois le même rêve se produisit et cet homme me dit : retourne-toi, ton heure n'est pas encore venue. Plus tard en grandissant, j'ai entendu des gens dire que ce genre de rêve n'était pas bien, et était surement une marche vers la mort. Mais je n'en sais rien.

LES ETRE MYSTERIEUX

Il m'arrivait très souvent de voir des êtres mystérieux, des êtres horribles avec mes yeux physiques. Ils m'apparaissaient sous plusieurs formes. Cependant lorsque cela se produisait il me suffisait d'appeler celui que j'appelle affectueusement MON AMI. Je l'appelais et il me répondait, et il me donnait la victoire sur ces êtres. Il est mon soutien et mon bouclier, l'ami qui ne faillit en rien, le fidèle. Il est ma paix et ma joie. Personne ne m'a jamais comblée et ne me comblera jamais comme lui me comble. Il est mon confident. Il sait tout de moi parce que je lui dis tout. Je ne lui cache rien bien qu'il sache tout d'avance. Je lui dis mes peurs, mes craintes, mes faiblesses, mais aussi mes joies.

LE CIEL OUVERT

Un jour il m'a fait « un coucou » fabuleux. J'étais extrêmement contente. Je lui ai dit merci mon ami je suis contente pour ce coucou. Je vous explique.

J'étais endormie et j'ai fait un songe. J'étais arrêtée au balcon de notre ancienne maison. Il faisait nuit, mais le ciel était clair et d'un bleu lumineux. Je contemplais le ciel et soudain j'ai vu des lettres apparaître. Quelqu'un écrivait mais je ne voyais pas de main. Juste des lettres qui apparaissaient et qui remplissaient la partie du ciel qui m'était visible. Ensuite une partie du ciel s'ouvrit comme une sorte de fenêtre. J'ai entendu une voix, la voix de mon ami. Elle était forte mais tendre. Il lisait ce qu'il avait écrit tout à l'heure : DANIELLE LE CIEL EST OUVERT POUR TOI. Pendant que je l'écoutais je regardais l'orthographe de mon nom et j'ai vu qu'il connaissait mon nom et qu'il savait même l'écrire. C'était une réelle joie pour moi parce que l'on écrivait toujours mon nom avec une faute soit Danièle, Daniel, Dannielle et cela m'irritait. Je devais avoir entre sept et huit ans. Ce fut une expérience merveilleuse pour moi.

L'ESPRIT A LA FORME HUMAINE

Je me souviens encore de ce jour où j'étais à Adzopé avec mon père et mes sœurs, ma mère étant restée à Abidjan, Je me suis réveillée une nuit à 3h du matin. Je croyais qu'il était 5h du matin et je voulais m'apprêter pour l'école. Je me lève du lit sans regarder la montre et je vois ma sœur (son ombre parce qu'il faisait noir) assise sur le matelas à terre. Je l'ai touchée et je lui ai demandé pourquoi elle ne dormait pas. Lorsque j'ai mis ma main sur elle, ma main l'a traversée. J'ai eu peur et j'ai réessayé de la toucher. Ma main la traversa une seconde fois. En ce moment-là je réalisai que c'était un esprit qui avait pris la forme de ma sœur pour m'effrayer. Je me suis mise à prier et à combattre cet esprit. Je le voyais s'affaiblir, puis mon père est rentré dans la chambre a allumé la lumière et l'esprit a disparu. Après le départ de mon père, j'ai continué à prier et à combattre cet esprit, puis je me suis rendormie paisiblement.

Je vivais toujours ma relation avec MON AMI, et nous prenions plaisir tous les deux à discuter. Il me parlait chaque jour et me révélait les choses qui allaient arriver, en songe. Il me soutenait, m'épaulait et me relevait quand j'étais faible. Un jour, je manifestais le désir d'expérimenter le baptême dans le Saint Esprit. Nous nous enfermions de longues heures dans la chambre et priions. Malgré les multiples et longues séances de prières rien n'y fit et je restai sur ma faim. Ainsi, un jour, alors que j'avais 13 ans et que je me préparais pour les eaux du baptême, le saint Esprit va descendre sur moi d'une manière incroyable. J'étais à la maison dans le salon et j'écoutais la musique. Mon père m'avait acheté un walkman pour mon anniversaire je crois et j'aimais écouter la chantre Rébecca Malope et le prophète Kacou Séverin. Ce jour-là j'écoutais une chanson de Rébecca Malope et je me suis mise à adorer mon DIEU. Le Saint Esprit me transportât dans une adoration profonde. Je sentais la présence de MON AMI plus forte qu'auparavant. Je sentis sa présence m'envahir et me remplir. Je me suis couchée sur le sol tant sa présence était forte. Il me remplissait encore et encore et je sentis ma bouche être remplie de paroles. Je faisais des efforts pour résister mais une force semblait avoir pris le contrôle d'elle. Les sons s'en échappaient sans que je puisse faire quoique ce soit. Des larmes inexplicables coulaient le long de mes joues. J'étais comme transformée. Ce jour-là MON AMI parla longtemps avec moi de son amour pour moi et de ce qu'il voulait faire pour moi et avec moi. Ce fut un jour inoubliable.

LA DELIVRANCE DE LA MAIN DES SORCIERS

Je vous l'ai dit un peu plus haut que MON AMI me révélait les choses. Vous rappelez vous ?

Eh bien un jour j'étais au balcon en train de parler avec mon ami (j'ai surement oublié de vous le dire, mais mon ami et moi avions un endroit où nous aimions bavarder ensemble, un endroit où on se parlait. Quand j'avais besoin de lui, j'allais dans cet endroit et je lui parlais. C'était le balcon de notre nouvelle maison ou nous avions aménagé). De ce lieu, j'ai vu la fille de ménage (je vais la nommer ici Aya) qui allait acheter quelque chose à la boutique. Lorsque je la regardais partir, MON AMI me disait ceci :je t'ai donné un esprit de révélation, mais jusqu' à ce jour tu n'as pas su qu'Aya est sorcière. J'étais étonnée d'entendre MON AMI m'annoncer une telle nouvelle. Lorsqu'elle est revenue de la boutique, je l'ai appelée dans la chambre et je lui ai dit, MON AMI m'a révélé qui tu es et ce que tu fais. Arrête sinon DIEU te frappera. Au même moment j'ai senti des présences démoniques dans toute la pièce. Aya était en colère et j'avais l'impression que ses yeux allaient sortir de leurs orbites. J'ai quitté la chambre en toute vitesse. J'étais étourdie et secouée. Je suis allée rapidement au balcon parler avec MON AMI et lui demander ce qu'il fallait faire. J'avais pris peur et j'étais déçue d'avoir fui devant elle. Il me demanda de réunir toute la maison pour une séance de prière Aya y compris. Nous avons eu un moment de prière intense où DIEU s'est manifesté et nous avons clos la séance. Le lendemain matin, quand nous nous sommes réveillés Aya avait quitté la maison sans emporter ses affaires et sans rien dire à personne.

J'AI ABANDONNE MON AMI

Les jours sont passés, les mois, les années. J'ai pris de l'âge et j'ai commencé à abandonner peu à peu MON AMI. J'avais eu d'autres amis et prenais de moins en moins plaisir à converser avec lui. Je trouvais maintenant les prières ennuyantes et me rapprochaient de lui que pour qu'il bénisse ma nourriture, pour qu'il veille sur moi quand je dors et pour quand j'ai un besoin particulier à lui soumettre. Par moment je sentais qu'il voulait discuter avec moi, passer un moment, m'envelopper de son amour. Mais je ne répondais pas à son appel. Je pouvais alors sentir sa déception et sa tristesse. Il avait la nostalgie de nos agréables moments passés ensemble. Il en voulait, il le réclamait. Malheureusement je n'étais plus cet enfant innocent et fidèle à son ami comme autrefois. J'avais grandi et l'âge m'avait éloignée de MON AMI. Je comprends donc cette parole de JESUS : « *Laissez venir à moi les petits enfants et ne les en empêchez pas car le royaume de DIEU est pour ceux qui leur ressemblent. Je vous le dis en vérité, quiconque ne recevra pas le royaume de DIEU comme un petit enfant n'y entrera pas.* » *MATTH 19 :14.*

DIEU dit également : « Ce que j'ai contre toi c'est que tu as abandonné ton premier amour » APO 2 :4. Mais lorsque nous abandonnons DIEU et que nous lui sommes infidèles DIEU demeure fidèle et toujours tout aussi amoureux de nous qu'auparavant. MON AMI n'avait cessé de m'aimer et de me protéger. Il était toujours à mes côtés bien que je ne ressente plus sa présence, et ne l'entende plus me parler. Dorénavant quand il voulait m'avertir d'un danger ou m'annoncer quelque chose il le faisait par personne interposée, parce que trop distraite pour l'entendre. Quel grand AMOUR !

<u>MON AMI ME DELIVRE DE LA MORT</u>

C'est ainsi qu'un jour, en 2004, j'étais à une réunion de prière avec des amis. Et l'orateur du jour, un ami que j'avais emmené à CHRIST m'a donné cette parole : « Tu as été programmée pour mourir le lundi 22 mars à 12H à la maison ». J'ai reçu la parole mais n'y ai pas prêté attention. J'étais à l'internat de Bassam et me rendais chaque deux semaines à Abidjan pour voir mes parents. Le vendredi 19 mars, je rentre à Abidjan pour revenir le dimanche 21. Seulement le dimanche jour de mon retour, plusieurs évènements vont se produire pour empêcher ce voyage. Finalement j'arrive à quitter la maison à 17H au lieu de 12h comme d'habitude pour me rendre à la gare. Arrivée à la gare à 18h on m'annonce que le dernier car vient de partir. Je prends un véhicule pour une autre gare, il est maintenant presque 19H, heure de fermeture de l'internat. J'appelle ma mère qui me demande de rentrer pour faire le voyage le lendemain vu qu'il se fait tard et que l'internat est fermé. Je décide de faire le voyage malgré tout et réussit à avoir un véhicule pour Bassam. J'arrive à 21h et le gardien accepte de m'ouvrir la porte. DIEU venait ainsi de contrecarrer le plan de Satan contre ma vie.

La nuit avant de m'endormir je sens une atmosphère de mort. J'en parle à mes amies qui me disent qu'une de nos amies a rêvé qu'une fille est décédée et qu'elles ressentent cette présence de mort également. Cependant elles s'inquiétaient pour une de nos encadreuses qui était malade. Je m'endors.

Le lendemain je vais en classe et tout se passe bien. (Je précise que j'avais oublié la révélation de l'homme de DIEU). Pendant le dernier cours de la matinée, je commence à éprouver des difficultés à respirer. Ça se manifestait comme l'asthme. Je tiens bon jusqu'à la fin du cours. A 12h la sirène retentit et je sors rejoindre mes amis dans la cour de l'école. J'éprouve de plus en plus de difficultés à respirer. J'en parles à mes amis.

Je ne saurais vous dire ce qui s'est passé par la suite. J'ai juste entendu une voix me dire : « tu t'en vas, tu ne dis pas aurevoir à tes amis » ? Lorsque j'ai ouvert les yeux j'étais dans une chambre et je voyais mes amis pleurer autour de moi. Leurs pleurs et leurs bruits m'agaçaient. Je leur ai dit aurevoir et leur ai demandé de sortir de la chambre parce que je voulais me reposer. Leurs bruits m exaspéraient, j'en étais presque irritée. J'avais sommeil de ce sommeil de la mort. C'est ainsi qu'un de mes amis, certainement contrôlé par MON AMI, m'a prise par la main pendant que je m'apprêtais à m'endormir pour de bon et m'a relevée très violemment. Je suis sortie de mon sommeil, mais sans trop comprendre ce qui se passait. Il m'a secouée encore et encore en me répétant que je ne mourrais pas. Petit à petit j'ai commencé à reprendre mes esprits, et ensemble nous avons prié jusqu'à ce que je me retrouve complètement.

MON AMI venait de me manifester une fois de plus sa fidélité et son amour en me délivrant de la mort, moi sa fille, sa fiancée, sa bien-aimée, son amie. Ce jour-là je pouvais chanter oh mort où est ton pouvoir, où est ton aiguillon ?

Satan ne se décourage jamais. S'il a échoué aujourd'hui il va tenter encore et encore, c'est pour cela que la bible nous demande de veiller et de prier car notre adversaire le diable rôde comme un lion cherchant qui dévorer.

L'année 2006 a été une année assez difficile pour ma famille et moi. Nous avons été assaillis, Satan nous a déclaré la guerre. Il nous a porté des coups douloureux et mortels, mais jamais MON AMI n'a permis que moi ou mes parents soyons atteints. La bible dit qu'il veille sur sa parole pour l'accomplir. Il a manifesté sa fidélité à notre égard alors que nous étions à terre, atteints par les flèches de nos ennemis, il nous a relevés, nous a délivrés et nous a consolés.

<u>**LA GRANDE EPREUVE**</u>

Novembre 2006, une nouvelle nous parvint du village. Une histoire hors du commun. Mon oncle avait subi de terribles attaques des sorciers dans son sommeil. Ma mère décide donc de le fait venir à Abidjan, rester avec elle, pour un suivi spirituel et hospitalier. Quelques jours plus tard malgré nos prières et les soins médicaux mon oncle rendit l'âme.

Comment était-ce possible ? J'avais pourtant appelé MON AMI, le spécialiste des cas impossibles. Celui qui était toujours là, prêt à satisfaire mes désirs. Il savait pourtant comment je tenais à cet oncle et comment sa mort m'affecterait. MON AMI ne supportait pas et ne supporte toujours pas de me voir triste. Il ne le supporte pas et je le sais. Par moments, il me suffit simplement de dire : je suis triste MON AMI, pour qu'il résolve aussitôt le problème. MON AMI avait-il changé ? Ne m'aimait-il plus ? Était-il lassé de moi et de mes péchés ? Ce jour-là, mon monde s'est écroulé. Je n'avais plus de repère, plus d'espérance. MON AMI s'en était allé loin de moi. Je me sentais vulnérable et à la merci de mes ennemis. Je n'étais plus rien. Cependant la Bible dit lorsque nous pensons que DIEU n'est pas là c'est alors qu'il est là, plus près de nous que le vêtement que nous portons.

Totalement affaiblie spirituellement, j'ai commencé à recevoir des attaques de la part de mes ennemis. Le message était clair. Il voulait en découdre avec moi. Je sentais des choses bouger dans mes pieds. Une nuit dans mon rêve des gens m'attrapaient de force et enfonçaient de la nourriture dans ma bouche. Le matin à mon réveil j'ai commencé à sentir des choses descendre depuis ma gorge jusqu' à mon ventre. Ça a duré longtemps jusqu' à ce que je reçoive ma délivrance. Je ne mangeais pratiquement plus et dormais encore moins. J'avais l'impression de flotter entre le ciel et la terre, l'impression que mon âme me quittait. J'étais angoissée et dépressive. J'appelais mon AMI à mon secours chaque jour pour qu'il me délivre de la mort. Les hommes de DIEU qui me suivaient spirituellement me disaient que les sorciers avaient décidé de m'éliminer parce que je refusais d'être l'une des leurs. Ce jour-là j'ai dit à MON AMI, que si c'était la seule option qui se présentait à moi, je préfèrerais mourir plutôt que de devenir sorcière. Les attaques s'intensifiaient. Je survivais. Lorsqu'un jour nouveau se présentait à moi je disais merci à DIEU pour ce jour, le jour d'après étant incertain. Toute ma famille me soutenait en prière. Souvent j'étais sans force, fatiguée de lutter chaque jour contre cette mort « inévitable » je voulais abandonner. Mes ennemis ne relâchaient pas, et l'étau semblait se resserrer sur moi. Je me sentais prise au piège sans plus aucun moyen de m'en sortir. J'étais au bord du gouffre, quand soudain une lueur jaillit et éclaira mes ténèbres. MON AMI, le DIEU de la dernière minute me tendit la main, m apporta son soutien et son secours au moment où je n espérais plus rien. Il a terrassé mes ennemis et m'a délivrée de leurs mains. Il a terrassé la mort et a détruit ses œuvres dans ma vie. Il m'a relevée m'a restaurée m'a délivrée et m'a donné sa paix, sa joie et la vie en abondance. Il a anéanti les projets de Satan, et leur programmation contre ma vie. Ils avaient prévu que je meure en décembre 2006 mais MON AMI ne l'a pas permis encore une fois.

Je t'aime o Eternel ma force !

MON DIEU, mon rocher, ma forteresse, mon libérateur !

MON DIEU, mon rocher, où je trouve un abri !

Mon bouclier, la force qui me sauve, ma haute retraite !

Psaumes 18 :2-3

LE DIEU DE GUERISON

Après cet épisode ce fut le tour de mon père. Tout commença par une diarrhée bénigne. Mon père pensait avoir mangé quelque chose qui ne lui convenait pas et se disait que les choses allaient vite rentrer dans l'ordre. Malheureusement les choses allaient en s'empirant. Mon père avait commencé à perdre du poids. La diarrhée ne s'arrêtait pas malgré tous les traitements modernes et traditionnels. Nous commencions à nous inquiéter. Maman, femme de prière et de foi a porté le sujet de mon père devant le trône du Seigneur. DIEU lui révéla une plante en songe pour la guérison de mon père. Très tôt à son réveil, ma mère alla chercher cette plante et la donna à mon père. A notre grand étonnement, la diarrhée s'arrêta. Très heureux nous avons crié, loué et glorifié DIEU.

ILS S'ENIVRERONT DE LEURS PROPRES SANGS

Nous célébrions cette victoire, ne sachant pas que ce n'était que le début d'un long périple. Après la guérison miraculeuse de mon père, de cette diarrhée, nous nous attendions tous à ce que sa santé s'améliore, mais elle continua à se dégrader. Mon père avait pris un coup de vieux et avait perdu énormément de poids. Cet homme robuste était devenu chétif et avait le regard hagard. Nous ne comprenions pas ce qui se passait mais demeurions dans la prière. J'appris après qu'un grand sorcier de notre village avant de mourir avait prédit la mort de mon père. Son état de santé se dégradait de plus en plus malgré nos prières. Je commençai à perdre espoir. Un jour un homme appela mon père pour lui annoncer qu'il avait été vidé de son sang la nuit d avant et que son corps avait été remis à sa mère adoptive. Au village tout le monde attendait l'annonce du décès de mon père. Je pleurais et appelais MON AMI de nous venir en aide. Je lui rappelais la promesse qu'il m'avait faite et l implorais d'honorer sa parole. Mais l'état de mon père se dégradait encore et encore. Il n'était plus que l'ombre de lui-même. Je pleurais mon père et le sommeil m'avait abandonné. Je lisais les psaumes de DAVID et pleurais nuit et jour. MON AMI, m'avait pris mon oncle et semblait vouloir me prendre mon père. Nous redoublions d'effort dans la prière et tenions moments de prière sur moments de prière, de jour comme de nuit pour la guérison de mon père. Puis peu à peu, son état de santé a commencé à s'améliorer. Un soir nous étions assis au salon avec mon père lorsque nous reçûmes une visite des plus étranges. Un oncle de mon père, sorcier reconnu de notre village, débarqua chez nous sans prévenir. Nous avons compris que l'heure du combat avait sonné. L'ennemi avait décidé de mener un combat rapproché. Il sentait certainement que sa proie était en train de lui échapper et avait décidé de prendre le taureau par les cornes en envoyant un de ses disciples chez nous. Le message était clair : Eliminer mon père coute que coute par tous les moyens. La guerre était déclarée.

Ma famille et moi sommes levées dans la prière. Nous avons détruit les œuvres de Satan, fait retour à l'envoyeur, demandé à DIEU de faire descendre ses anges dans la maison. Nous avons fait des prières de combat de nuit. Nous avons invoqué le feu et le sang de JESUS dans toute la maison, sur tous les objets de la maison. Le lendemain matin, nous prenions le petit déjeuner lorsque l'oncle de mon père apparut devant le pas de la porte, se plaignant d'une forte douleur à la hanche. Il était courbé et peinait à marcher. Il décida de retourner au village. A son arrivée au village, son état s'était considérablement dégradé. Il fut donc transporté en brouette jusqu' à son domicile. Il ne retrouva plus depuis ce jour, ni la santé, ni l'usage de ses jambes. Quant à mon père il avait retrouvé la santé et se confiait chaque jour à JESUS. Un jour, de passage au village, Il décida d'aller voir son oncle malade. Ce jour-là son oncle ne le reconnut pas, parce que selon ses propos, mon père était enveloppé d'une grande lumière. L'oncle de mon père mourut quelques jours après. Nos ennemis avaient voulu s'enivrer du sang de mon père, mais c'est de leur propre sang dont ils se sont enivrés, du sang d'un des leurs. La parole de DIEU est vérité.

 Ce fut une grande défaite pour Satan et une victoire pour JESUS, MON AMI. Jamais MON AMI n'aurait pu me trahir. Il m'a promis de veiller sur mes parents et il l'a fait.

Je me souviens également de ce collègue qui pratiquait la sorcellerie et qui semblait en être fier. Une nuit, alors que je venais à peine de fermer les yeux, je sentis une personne s'allonger sur moi. Je fis un songe dans lequel je me battais avec ce collègue. Il m appuyait le ventre et je sentais comme des décharges électriques à l'intérieur de mon ventre était douloureux, je crais et je sentais mes forces m abandonner. Il continuait à me presser le ventre encore et encore et les décharges électriques s'intensifiaient en moi. J'appelais MON AMI de venir à mon secours. Soudain une force est entrée en moi et j'ai réussi à me débarrasser de mon agresseur. Je l'ai saisi avec une main, l'ai fait pivoter en l'air et l'ai jeté par terre. J'étais furieuse. J'ai saisi sa tête et ai commencé à frapper le sol avec. Je voyais sa tête se fissurer entre mes mains. Je lui ai dit que je m'en prendrais à lui, et aussi à sa famille s'il s'avère qu'elle pratique la sorcellerie. Il m'a implorée de le laisser partir. C'est en ce moment que je me suis réveillée. Quand j'ai ouvert les yeux, j'ai expliqué le songe à une de mes collègues avec qui je dormais. Nous avons prié ensemble et fait un retour à l'envoyeur. Moins d'une semaine après le songe nous étions tous en salle en train de travailler lorsque ce collègue a commencé à crier et pleurer. Il était allongé à même le sol et souffrait énormément de douleur au ventre et à la tête. Il était minuit.

Nous l'avons transporté à l'hôpital pour des soins. Cependant les médicaments semblaient avoir aucun effet et nous avons commencé à craindre pour sa vie. Ma collègue et moi avons prié et imploré DIEU de lui pardonner ses péchés et de lui communiquer la guérison. Quelques temps après les douleurs ont disparu.

JESUS est MON AMI, ma lumière et mon salut :de qui aurais-je crainte ? Il est le soutien de ma vie de qui aurais-je peur ?

Quand des méchants s'avancent contre moi pour dévorer ma chair ce sont mes persécuteurs et mes ennemis qui chancellent et tombent.

Si une armée se campait contre moi mon cœur n'aurait aucune crainte. Si une guerre s'élevait contre moi je serais malgré ça plein de confiance.

Je demande à MON AMI une chose que je désire ardemment :je voudrais demeurer toute ma vie dans sa maison pour contempler sa magnificence et pour admirer son temple.

Psaumes 27 :1-4

LA MAIN PROTECTRICE

En 2010 alors que j'étais en formation à Yamoussoukro, DIEU a manifesté son amour envers moi en me délivrant d'un accident. C'était un dimanche et je devais retourner à Yamoussoukro. Cependant il était un peu tard et j'ai demandé à mon oncle de m'y conduire. Sur la route, il s'est mis à pleuvoir. La visibilité était quasi nulle à cause du brouillard et la chaussée glissante. Mon oncle au volant avait d'énormes difficultés à avancer. Soudain, notre véhicule dérapa. Nous avons quitté notre voie et nous nous sommes retrouvés sur l'autre voie allant dans l'autre sens. Mon oncle n'avait plus le contrôle du véhicule.

Nous nous apprêtions à finir notre course dans la nature, lorsque que nous avons senti une force prendre le contrôle du véhicule pour le repositionner sur la bonne voie. Nous étions sous le choc mais reconnaissant à DIEU pour son secours. MON AMI venait de nous épargner d'un accident il veille sur moi comme sur la prunelle de ses yeux. Il est écrit dans Esaïe…il ordonnera à ses anges de me porter de peur que mon pied ne heurte contre une pierre.

<u>**ENVAHIE PAR LA SORCELLERIE**</u>

Comme je vous l'ai dit un peu plus haut ma famille a longtemps été combattue par la sorcellerie. Nos ennemis ne nous laissaient aucun répit ; ils s'arrangeaient pour nous envoyer des agents. C'est ainsi que la plupart des baby Sitter que j'avais pour mes enfants étaient des sorcières. Elles finissaient toutes par avouer leur réelle nature spirituelle et partaient de la maison. Il y a une cependant que j'avais eue par le canal de ma mère et en qui j'avais beaucoup confiance. Elle était toujours souriante et ne se fâchait jamais. La baby Sitter parfaite. Cependant, il m'arrivait de faire des songes dans lesquels je la voyais pratiquant la sorcellerie. Souvent elle se transformait en taureau et me poursuivait. Je n'étais pas en parfaite harmonie avec MON AMI en ces temps-là et je ne lui posai donc aucune question concernant ces rêves. Cependant je vais être alertée par un dernier songe affreux. C'était un Week end et ma baby Sitter était rentrée chez elle. J'étais seule dans la maison avec mon beau-frère. La nuit je m'endors et je fais le songe suivant : je rentrais dans ma cuisine lorsque j'aperçus ma baby Sitter faisant la vaisselle. A sa vue j'ai sursauté. J'étais effrayée de la voir dans la cuisine à cette heure de la nuit alors que je la savais en famille pour le Week end. Je lui demandai comment faisait-elle pour être dans deux endroits en même temps. Elle me regarda avec un sourire narquois. J'ai senti mon sang se glacer au-dedans de moi. Et soudain la même scène se reproduisit, comme si quelqu'un, la commande en main, était allé en arrière et reprenait le même épisode : La cuisine, la surprise de la voir, le sourire narquois, la question et mon sang qui se glaçait. Je lui demandai de quitter ma maison à l'instant. Elle refusa et me dit qu'il est impossible que je la mette dehors. Je suis rentrée dans sa chambre, j'ai ramassé ses affaires et je les ai mises dehors en disant aujourd'hui c'est ma délivrance, je te chasse de chez moi. Furieuse de ce que j'avais jeté ses affaires dehors, elle me menaça de détruire ma famille, mon mariage, mes enfants, mon travail. Je lui criai à la figure jamais tu ne pourras rien contre moi. Et je me suis réveillée. Quelques jours après ce songe je l emmenai avec ma belle-mère à l'église pour une séance de prière. Elle révéla qu'elle était sorcière et qu'elle était une tigresse dans le monde spirituelle. Cette fille portait une grossesse qu'elle avait fait disparaitre spirituellement. Nous la voyions tous, mais tous nous ne voyions pas sa grossesse. Je la renvoyai de chez moi. Quelques jours plus tard je la revis, portant une grossesse presqu'à terme. Les sorciers m environnent sans cesse mais MON AMI me délivre toujours de leurs mains. Il n'a pas changé.

Comme un pommier au milieu des arbres de la forêt, tel est MON AMI parmi les jeunes hommes. J'ai désiré m'asseoir à son ombre et son fruit est doux à mon palais.

Il m'a fait entrer dans la maison du vin ; et la bannière qu'il déploie sur moi c'est l'amour.

Cant 1 : 3-4

LA VOIX DE MON AMI

Prov 8 : 17 J'aime ceux qui m'aiment, et ceux qui me cherchent me trouvent.

Il eut un moment où j'avais retrouvé cette soif de la présence de MON AMI comme lorsque j'étais petite. J'aimais passer beaucoup de temps en sa présence, lui parler de ce qui me préoccupait, me chagrinait, mais aussi j'aimais lui dire merci pour la joie et la paix qu'il me procurait. Il m'arrivait de m'enfermer dans ma chambre ou j'étais logée pendant ma formation, tout un Week end à prier et à méditer sa parole. Je passais les nuits en sa présence et le matin je dormais très peu parce que voulant toujours discuter avec lui. J'étais rayonnante de

Joie et de paix. Une nuit alors que je dormais, épuisée par tant de jours sans bien dormir, je vais entendre de manière audible la voix de MON AMI, elle était forte et pleine d'amour.

Il m'appelait : Danielle, Danielle !

J'essayais de me lever, mais je n'y arrivais pas. Il continua à m'appeler. Je me rappelai l'histoire du prophète Samuel dans la bible et répondit : parle Seigneur j écoute.IL me montra la croix et de l'eau qui coulait. Il me dit : Je te donne la croix et l'eau vive qui découle de moi.

J'en parlai plus tard au pasteur de mon église qui m'interpréta ces paroles de MON AMI. Ce fut une expérience merveilleuse.

MON AMI est blanc et vermeil ; il se distingue entre dix mille.

Sa tête est de l'or pur ses boucles sont flottantes noires comme le corbeau.

Ses yeux sont comme des colombes au bord des ruisseaux se baignant dans le lait, reposant au sein de l'abondance.

Ses joues sont comme un parterre d'aromate une couche de plantes odorantes, ses lèvres sont des lis d ou découle la myrrhe.

Ses mains sont des anneaux d'or garnis de chrysolithe ; son corps est de l'ivoire poli couvert de saphirs ;

Ses jambes sont des colonnes de marbre blancs posés sur des bases d'or pur. Son aspect est comme le Liban, distingué comme les cèdres.

Son palais n'est que douceur et toute sa personne est pleine de charme. Tel est mon bien aimé, tel est MON AMI.

Cant 5 :10-16

Comme je l'ai dit plus haut, DIEU veut se révéler à l'homme. Il recherche cette relation qu'il avait au départ avec l'homme dans le jardin d'EDEN. Il veut redonner à l'homme son statut d'autrefois. Lorsque j'ai commencé à m'intéresser à JESUS, à le rechercher véritablement, il s'est révélé à moi. Un changement s'est opéré dans ma vie. DIEU se révélait à moi déjà, surtout lorsque j'étais enfant, mais il a commencé à se révéler encore plus lorsque j'ai commencé à le chercher, et à faire sa volonté. Ce déclic s'est produit en moi grâce à UNE NUIT EN ENFER. J'ai compris après cette nuit que tout était vanité. La seule chose que doit faire tout homme pendant ses jours de vanité sur terre est de rechercher JESUS, et de faire sa volonté. Je l'ai fait, et j'en ai tiré un bénéfice fabuleux. Je suis heureuse de ce que JESUS fait dans ma vie, mais je ne suis pas encore satisfaite de mon niveau spirituel. Je cherche toujours à connaitre ce JESUS et à percer les mystères de sa personne.

LE CHEMIN DES FOUS

Un matin, me préparant pour le boulot, je décide de faire très rapidement ma prière. Pendant que je parlais, je me rends compte très vite que MON AMI n'avait pas très envie de m'écouter, il désirait plutôt parler. J'interromps donc ma prière et lui demande de parler. MON AMI, me parle alors, de comment expérimenter le surnaturel. En d'autres termes, comment vivre une vie de miracles.

Il me dit Danielle, je veux te faire expérimenter des choses surnaturelles, extraordinaires. Je veux que ta vie soit une succession de miracles. Mais pour cela tu dois emprunter le chemin des hommes extraordinaires, car un homme ordinaire, ne peut recevoir que des choses ordinaires. De même un homme extraordinaire, ne peut recevoir que des choses extraordinaires. Pour que tu puisses voir l'extraordinaire s accomplir dans ta vie, tu dois laisser le chemin des hommes ordinaires et emprunter celui des hommes extraordinaires. Il me dit, Danielle, le chemin que je te présente ce matin, le chemin devant lequel je te place, est *le Chemin des fous.* Car le chemin des hommes extraordinaires est le chemin emprunté par les fous.

En effet, les hommes extraordinaires sont aux yeux des hommes ordinaires des fous. Cependant il est écrit dans *1 Corinthiens 1 :25* que la folie de DIEU est plus sage que les hommes.

Le chemin des hommes surnaturels est un chemin difficile. Il implique le renoncement à soi, et l'abandon total à DIEU. Sur ce chemin, tu vas être traitée de folle et d'insensée. Tu seras persécutée et critiquée. Tu rencontreras de grandes épreuves. Mais sans ce chemin tu ne pourras voir le surnaturel se manifester.

Ce chemin implique la confiance aveugle en JESUS et en ses paroles. La soumission totale et absolue en lui. Abraham était un fou, lui qui était prêt à sacrifier son fils par amour pour son DIEU. Cependant DIEU a honoré sa folie, en faisant de lui le père d'une multitude.

Pierre était un fou, lui qui n'avait pas hésité à se jeter à l'eau juste parce que son maitre le lui avait ordonné, lui qui ne savait pas nager. La manifestation de sa folie a changé sa nature. D'homme naturel il a été transformé en un homme surnaturel capable de marcher sur l'eau.

La veuve de Sarepta était folle, elle qui avait considéré la vie du prophète Eli plus que sa propre vie et celle de son enfant, en lui donnant tout ce qu'elle avait comme nourriture. Sa folie a ordonné au surnaturel de se manifester. L'huile et la farine apparurent miraculeusement au point de déborder. La bible est remplie d'd'hommes dénués d'intelligence humaine, d'hommes fous, qui ont préféré se dépourvoir de la sagesse humaine pour embrasser celle de DIEU. De ce fait, ils ont été rendus capables de manifester et d'expérimenter l'extraordinaire, le miraculeux.

Le chemin des fous, est le chemin que DIEU présente à celui qui aspire aux choses extraordinaires.

Ce message, je l'ai rendu une fois dans mon église. A la fin de mon message, pendant les offrandes, j'ai entendu la voix de MON AMI me demander de mettre dans la corbeille des offrandes tout ce que j'avais comme argent y compris mon transport. Il a insisté sur le fait que je ne devais pas avoir un rond sur moi. J'ai obéi à la voix et ai fait mon offrande avec tout ce que j'avais, me préparant mentalement à cette marche qui m'attendait. A la fin du moment de prière, un frère de l'église qui avait été touché par le message s'est approché de moi et m'a tendu une enveloppe. Il m'a dit, « maman KOUADIO durant ton message, DIEU m'a mis à cœur de te donner cette enveloppe. J'ai décidé de manifester ma folie à DIEU en lui obéissant ». Il y avait dans cette enveloppe presque cinq fois le montant que j'avais déposé dans la corbeille.

Vous n'imaginez pas ma surprise et ma joie. MON AMI m'avait demandé de me débarrasser de tout ce que j'avais comme argent, après avoir convaincu son fils de m'en donner. MON AMI JESUS, savait ce qu'il faisait en me demandant en cet instant de me dépouiller de tout. Je suis absolument sûre que si je n'avais pas écouté sa voix ou si j'avais obéi en partie, cet homme qu'il avait délégué pour me bénir se serait résigné et je n'aurais pas pu obtenir ce que j'ai eu ce jour-là. En demandant de mettre tout ce que j'avais, il me montrait le chemin pour que mon miracle s'accomplisse. J'aime MON AMI. Il ne cessera jamais de me surprendre et de m enseigner.

Que nul ne s'abuse lui-même : si quelqu'un parmi vous pense être sage selon ce siècle, qu'il devienne fou, afin de devenir sage. Car la sagesse de ce monde est une folie devant de DIEU. Aussi est-il écrit : il prend les sages dans leur ruse.

1 cor 3 :18-19

L'HOMME MYSTERIEUX

Je réserve ce paragraphe à cet homme mystérieux qui s'est présenté à ma mère et à moi un jour, alors que nous étions assises devant la porte à discuter. J'estime que son message mérite d'être su, et je me fais ici son relais, tout en espérant ne pas entacher le sens de son message.

C'était un homme mince, de taille moyenne, avec un teint clair. Il avait beaucoup de cheveux et une barbe non rasée. Son aspect vestimentaire n'avait rien d'élégant. Cependant son langage était d'une telle clarté et d'une limpidité impressionnante. Il vint vers nous et se présenta comme la voix qui crie dans le désert. Il disait qu'il était l'envoyé de DIEU pour annoncer à ses élus qu'il était temps de se réveiller de leur sommeil spirituel, pour se mettre au service du SEIGNEUR JESUS et pour accomplir sa volonté. Il se promenait à la recherche des élus de DIEU pour leur délivrer le message de leur Seigneur. Il nous annonça que DIEU lui-même se révèlerait également à eux. Ils seront comme des fous au service de JESUS. Après cela, Il nous parla longuement de l'imminence de la venue de JESUS. Je l'écoutais sans trop prêter attention à ses propos. En effet j'étais distraite par son aspect pas très élégant. Quand il a fini de parler, il nous a dit au revoir et a tourné le dos. En ce moment, une idée m'est venue à l'esprit de prendre son numéro de téléphone. J'en ai parlé à ma mère qui approuva. Lorsque nous avons regardé dans la direction où il était allé, cet homme n'était plus là. Ma mère et moi sommes levées pour le chercher en vain. En quelques secondes, cet être mystérieux s'était volatilisé. Il me revenait en ce moment-là, que ses paroles qui résonnaient dans mon esprit.

JESUS, LE POURVOYEUR

J'étais un jour dans la chambre de ma mère, un peu triste parce que je voulais qu'elle ait une petite affaire pour elle. Toutes celles qu'elle avait entreprises auparavant étaient restées sans lendemain. Je priais donc que DIEU lui trouve une affaire selon sa volonté et sur laquelle il poserait sa main pour éviter qu'on essuie un énième échec. Pendant que je priais, MON AMI me présenta de la banane plantain en train d'être frite (Nous appelons cette nourriture en langage ivoirien : alloco). JESUS me présenta donc de l'alloco. J'étais un peu déçue car je voulais quelque chose de plus honorable pour ma mère. Mon AMI me convaincu et j'en parlai à ma mère qui approuva l'idée.

Nous décidons séance tenante de trouver un lieu pour son affaire. Ma mère me parle d'un endroit qu'elle souhaite prendre pour son commerce. Lorsque nous arrivons sur les lieux, la déception est grande. Le terrain est petit et très mal situé. Je m'en retourne déçue et triste. J'envisage donc de contracter un prêt à la banque pour monter l'affaire de ma mère. Cependant je bute devant des difficultés dans l'établissement des dossiers. Ma mère essaie de son côté d'obtenir un fonds de roulement sans succès. J'étais désespérée et déçue de ce que les choses ne se passaient pas comme prévues. Je ne comprenais pas toutes ces difficultés que nous rencontrions alors que nous essayions de faire les choses dans le plan de DIEU.

Un matin mon AMI me parla du commerce de ma mère. Il me dit, que ma mère aurait un terrain à elle non loin de là où elle habite sur lequel elle ferait son commerce. Il me dit aussi que les clients allaient affluer, venant de toutes parts et que ce commerce allait connaître du succès en s'étendant. Très heureuse je remercie mon AMI et pars travailler. Quelques temps après nous obtenons un terrain que nous nous empressons d'aménager pour que ma mère puisse enfin débuter son activité.

Cependant notre joie fut de courte durée car quelques jours plus tard nous allions perdre le terrain et l'argent investi dans l'aménagement. Nous revoici à la case départ. Le temps passe et nous commençons à perdre espoir. Les moyens nous font défaut : la location des terrains, là où vivent mes parents est coûteuse et nous n'avions pas assez d'argent où pas du tout pour acheter le matériel de restauration. J'étais abattue. J'ai demandé à MON AMI d'intervenir et d'accomplir sa promesse parce que cela me rendait malheureuse.

Il m'a répondu ceci, je te dis la vérité, le lendemain avant le coucher du soleil, tu verras de quoi MOI DIEU, je suis capable de faire pour toi. Il m'a ensuite rassurée que, s'agissant du terrain, je l'aurais et que je n'avais pas de raison de me lamenter. Ah, qu'est-ce qu'il n'est pas capable de faire ? Y'a-t-il rien qui soit étonnant de la part de Dieu ? *(Genèse 18 :14).*

A vrai dire, il paraissait agacé par mes pleurs et mon manque de foi. Il m'a semblé qu'il était un peu fâché quand même. Cependant ses paroles m'ont soulagée et donc j'ai séché mes larmes. Le lendemain je ne reçus rien de spécial, en tout cas rien qui concernait le terrain où le restaurant de ma mère. Le surlendemain, en bon enfant gâté, je rentrai dans la pièce où j'avais l'habitude de le rencontrer et commençai à lui parler en ces termes : je suis triste. Tu me l'avais promis et tu n'as pas fait. Je ne rirai plus et ne mangerai plus parce que je suis triste. Souvenez-vous que j'ai qualifié mon témoignage d'histoire d'amour entre une ami et son ami, ...

Je poursuis pour dire que ce jour-là, ce n'était pas un jeûne que je faisais mais une grève de la faim. Je fis une minute en sa présence (confidence pour confidence, je l'ai fait pour l'attrister parce que je savais qu'il appréciait nos moments d'ensemble) et vaquai à mes occupations, le cœur accablé par le chagrin.

Quelques temps après je reçois un message de ma mère m'annonçant qu'elle a eu un terrain très vaste et bien situé GRATUITEMENT. Elle avait également eu un autre terrain lui aussi gratuitement et un dernier qu'elle louait à un prix dérisoire. Elle s'était donc retrouvée avec trois terrains à elle. Je n'en revenais pas. Elles les avaient eus la veille et m en informait ce jour. MON AMI avait tenu parole. Après notre conversation je courus vers la pièce où j'avais l'habitude de le rencontrer, toute confuse. Je fondis en larmes dans ses bras d'amour. Il ne m'avait nullement pas réprimandée, au contraire il semblait être heureux de me revoir dans sa présence. Mes enfantillages, il les avait déjà oubliés. Il paraissait heureux de me voir si confuse et repentante.

J'aime MON AMI JESUS. Il me supporte avec mes caprices, et mon manque de foi. Il me supporte. Son amour pour moi efface mes défauts. Il exauce mes prières. Et quand je me fâche déraisonnablement contre lui, Il m'apaise, me rassure. Et même quand il arrive qu'il soit agacé par mes doutes, il m exauce de manière à dissiper ces doutes.

Ce jour-là, Je me suis repentie de mon immaturité spirituelle et nous avons fait la paix. Quelques jours plus tard, DIEU a encore pourvu, en permettant à ma mère d'obtenir de l'argent par le canal d'un de mes oncles pour l'aménagement du terrain. Je ne cesserai de le bénir pour ses bienfaits dans notre vie.

Cependant, au moment où je vous écris, toutes ses promesses ne se sont pas encore accomplies. Mais cette fois, je veux faire preuve de foi et attendre patiemment, sans murmurer, sans faire de caprices, le temps que MON AMI a prévu pour accomplir ses promesses. Il achèvera ce qu'il a commencé. Je le sais, je le connais.

L'INSIGNIFIANT DETAIL

Il fut un temps où mon époux et moi désirions avoir une voiture. Nous avions l'argent et étions à la recherche d'une offre satisfaisante. Les jours s'écoulaient et nous n'avions toujours pas eu une voiture à la hauteur de nos attentes. Je déprimais du fait de ne pas obtenir le genre de voiture que je voulais. Je craignais également, que nous fassions une mauvaise affaire et dilapidions l'argent que nous avons eu tant de mal à avoir. Nous priions DIEU, mon mari et moi, qu'il nous donne une voiture qui réjouirait notre cœur. Cependant lorsque mon époux allait pour des offres de voiture, je m'inquiétais à l'idée qu'il se fasse gruger. Un jour j'étais assise, attristée par la situation. Je sentais ma foi faiblir. Je ne voulais donc pas me présenter à MON AMI dans cet état. Il se serait certainement réjoui de me voir et d'écouter pour la énième fois mes craintes et mes attentes par rapport à la voiture, mais je manquai le rendez-vous.

Je fis donc appel à ma première fille (elle avait six ans en ce temps-là) et lui demandai de mettre la main sur mon cœur et de prier afin que JESUS ôtât ma tristesse. Ma fille obéit, attristée elle aussi par mon état. Vous savez, je connais MON AMI, il ne résiste pas à la prière et à la foi d'un enfant. En moins d'une heure plus tard, mon époux m'annonça qu'il avait acheté la voiture et qu'elle était parfaite.

 Mon cœur était réjoui mais je suis restée sceptique. Cependant, lorsque j'ai vu la voiture, elle était comme je l'avais espérée. Parfaite pour son prix. Le moteur était au top. Les mécaniciens ne cessaient de faire des offres d'achats de la voiture à mon époux à cause de l'excellent état du moteur. J'étais satisfaite et heureuse. DIEU est prêt à nous répondre même pour les choses que nous jugeons insignifiantes, car c'est un moyen, une opportunité pour lui de nous prouver son amour. Il veut nous faire du bien même dans les plus petits détails de nos vies. Il aime qu'on l'associe à tout. Rien n'est insignifiant à ses yeux quand cela contribue à nous rendre heureux.

<u>LA LECON DE MON AMI</u>

J'étais en formation, lorsque MON AMI m'a enseigné à m'abandonner à lui et à ne compter que sur lui seul pour tous les domaines de ma vie. En effet, j'avais un exposé noté à faire, et je me suis donné toutes les chances de le réussir. J'avais travaillé de longues heures sur cet exposé, et étais sûre que je m'en sortirais.

Cependant, le jour de la présentation, ce fut un échec total. J'avais été mal notée et j'essuyai les critiques désobligeantes des encadreurs. J'avais mal et je ne savais pas les raisons de ce fiasco. Il arriva un jour encore où je devais présenter un autre exposé. Je l'avais bien préparé, mieux que le précédent et étais sûre de leur en mettre plein la vue, cette fois ci. Cependant, comme pour le précédent exposé ce fut un échec lamentable. Mes encadreurs étaient agacés d'un rendement aussi faible. Ce jour-là, je reçus une pluie de reproches et de critiques. Je me sentais humiliée. Je me suis rendue dans la pièce où j'avais l'habitude de prier et je me suis mise à pleurer. Je n'arrivais pas à dire quelque chose, à exprimer ce que je ressentais en cet instant. A partir de là ma confiance en moi fut brisée. Je me trouvais nulle et incapable de réussir quoique ce soit. J'avais honte de regarder mes collègues en face et je me disais que je n'avais pas ma place parmi eux.

Dans ce piteux d'esprit, j'avais été programmée pour un autre exposé, un troisième. Imaginez mes craintes, mes angoisses… Il me semblait avoir perdu toutes mes facultés et toute mon intelligence s'était envolée. Je redoutais le jour de la présentation, pleurant d'avance pour cette humiliation qui m'attendait. J'avais été mise en garde par les encadreurs. Je n'avais plus droit à l'erreur. Dans mon angoisse je me suis tournée vers JESUS et l'ai imploré de me venir en aide. Je ne pouvais pas supporter un autre échec. J'en devenais presque malade. J'ai préparé mon exposé comme je l'ai fait avec les précédents. Cette fois-ci mon assurance m'avait quittée et je n'avais plus d'autres choix que de me tourner vers JESUS, et de placer mon espoir en lui.

Un matin, alors que je me préparais pour les cours, MON AMI me demanda de lire *juges 7 :2-7*, dans lequel DIEU demande à Gédéon de réduire son armée de 32.000 hommes à 300 hommes. Le verset 2 disait : « *…Le peuple que tu as avec toi est trop nombreux pour que je livre Madian entre ses mains ; il pourrait en tirer gloire contre moi, et dire : c'est ma main qui m'a délivré.* ». Lorsque j'ai fini de lire le passage MON AMI m'a dit ceci : « aussi longtemps que tu chercheras à faire les choses de tes propres forces, à compter sur toi, et à me mettre l'écart, je ne serai pas avec toi, et la réussite non plus. » Il m'a demandé de composer avec lui et de l'associer à tout pour avoir du succès dans ce que j'entreprends car autrement il ne serait pas là. Je me suis repentie devant DIEU parce que j'avais compté sur mes propres capacités intellectuelles, et je me disais que je n'avais pas besoin de son intervention dans le cas ci. Je lui demandai de me relever car j'étais sans force et ma confiance en moi brisée. JESUS, MON AMI me rassura de sa présence et du bon déroulement de mon exposé. J'en étais ravie mais un peu inquiète.

Le jour de l'exposé, ce fut un succès. Gloire à Dieu ! Aucune remarque négative n'avait été soulevée, et tous étaient surpris de ma prestation. MON AMI avait glorifié son nom ce jour-là.

Après cela, j'ai commencé à l'associer à tout ce que je faisais et je rencontrais des succès inespérés.

Même lorsque je dois cuisiner, avant de commencer quoique ce soit, je lui demande de venir le faire, et il le fait. Je me souviens qu'il eut un temps où je me disputais beaucoup avec mon époux. Les choses éphémères devenaient sujet de disputes ce qui était bien rare entre mon époux et moi. Ne sachant pas ce qui se passait, je me suis tournée vers DIEU qui m'a dit ceci, lorsque tu retournes auprès de ton époux (j'étais dans une autre ville pour ma formation), tu m'oublies et tu fais toutes choses sans moi. En le faisant, tu me mets à l'écart et je ne peux intervenir dans vos rapports. Donne-moi la première place dans ta vie, confie-moi toute chose, et tu verras ce que je suis capable de faire pour toi. Compose avec moi et tu ne seras pas déçue. Je me suis encore repentie, et lorsque je retournais auprès de mon époux pour le Week end, je confiais toute chose entre ses mains.

J'avoue que nous passions des moments extraordinaires tous les deux meublés d'éclats de rire. La bible dit, fais de l'Eternel tes délices et il te donnera ce que ton cœur désire.

LA GUERISON

En 2016, on m'a diagnostiquée, une hernie discale en L5-S1, entraînant une sciatique. J'avais suivi des séances de rééducation, mais il n'y avait aucune amélioration. Le rhumatologue m'avait interdit de soulever des charges lourdes, la station débout prolongée et assise et pleins d'autres interdictions. Il m'arrivait par moments de ne pas pouvoir marcher. La jambe gauche devenait raide et une douleur la traversait depuis le bas du dos jusqu'au pied. Les pieds chauffaient après une activité, mais également lorsqu'il faisait froid. Il me fallait donc dormir avec des chaussettes. Je ne pouvais pas bien m'asseoir. Je m'asseyais sur un côté, l'autre côté étant douloureux. Je me gavais de médicaments, pour pouvoir lutter contre la douleur. Je priais contre ce mal qui me rongeais. Quelque fois, il semblait avoir disparu, mais réapparaissait quelques temps après.

J'avais finalement décidé de me faire opérer. Je rentrai en contact avec un chirurgien neurologue pour l'opération. Cependant, je réalisai après un bout de temps que les douleurs ne se manifestaient plus. J'essayai de faire tous les mouvements que je ne pouvais pas faire auparavant. Toujours point de douleur. Je me rappelai les paroles d'une servante de DIEU, qui m'avait dit quelques mois avant, que JESUS me guérirait de ce mal.

Un jour, je me préparais pour une mission à l'extérieur du pays et je devais pour cela faire un bilan de santé complet pour prouver que j'étais apte pour cette mission. J'étais inquiète lorsque j'ai vu parmi les examens demandés, la radiographie du rachis lombaire. N'ayant pas le choix, j'ai fait cet examen et les résultats m'ont laissé sans voix. Aucune anomalie détectée. Gloire à mon Dieu !

Cependant, J'étais tout de même un peu méfiante quant à la fiabilité des résultats. En effet, mes recherches ont révélé que la radiographie avait du mal parfois à détecter la hernie discale, l'imagerie par résonnance magnétique (IRM) des lombaires, étant plus fiable. Je voulais en être sûre, en faisant des examens plus poussés. Cependant je n'ai plus senti le besoin de le faire puisque les douleurs n'avaient pas ressurgi.

Eternel, mon DIEU ! J'ai crié à toi, et tu m'as guérie.

Tu as changé mes lamentations en allégresse, tu as délié mon sac, et tu m'as ceinte de joie,

Afin que mon cœur te chante et ne soit pas muet.

Eternel, mon DIEU ! je te louerai toujours. Psaumes 30

Chers lecteurs, ces témoignages ou expériences en rapport avec ma relation avec Dieu sont des vécus, des faits réels. J'ai écrit ce livre pour que vous sachiez que le Dieu de la Bible, Jésus-Christ de Nazareth est réel.

Il est mort sur la croix ; Il a tout accompli pour notre bonheur qui passe entre autres, par notre affranchissement du pouvoir du péché, notre délivrance, notre libération, notre rétablissement dans notre dignité d'hommes faits à l'image de Dieu.

Ce Dieu qui nous redonne notre valeur agit toujours par le biais de son Esprit (le Saint-Esprit, notre consolateur, notre compagnon de tous les jours).

Tout ce que j'ai vécu ou expérimenté, vous pouvez le faire, pourvu que vous acceptiez librement de faire de Jésus votre Ami. Je vous assure, Il est un Ami qui ne s'impose pas. Il sait respecter notre liberté. Il est patient et attend toujours avec amour et compassion, notre décision de venir ou revenir à Lui.

Son amour, aucun homme ne peut nous le donner ; sa paix et sa joie, rien ne peut nous les procurer, même pas notre bien-être social.

Pendant que personne ne vous comprend et vous juge à tort, Lui ne vous juge point. Pendant que l'on vous méprise, que la société vous rejette, Lui, vous sourit et vous tend la main ; Il vous redonne votre valeur et la joie de vivre.

Il est l'Ami qui sait panser les plaies les plus profondes, guérir les douleurs, les cœurs brisés.

JESUS GUERIT MAMAN

Je me rappelle ce jour, en octobre 2017 où maman devait subir une intervention chirurgicale pour des fibromes.

En effet, maman souffrait de fibromes depuis des années. Elle avait subi une première opération auparavant, et devait subir une autre.

 Comme pour toute opération, nous étions inquiets pour maman d'autant plus que cette opération comportait un risque élevé.

Maman avait un souci au niveau de la tension artérielle pouvait aller jusqu'à 18. Maman décida néanmoins de subir cette deuxième intervention chirurgicale, avec l'assurance du médecin de la réussite de l'opération et ses encouragements. Il faut souligner que cette intervention s'imposait car les fibromes avaient provoqué des saignements qui étaient difficiles à arrêter.

Malgré les risques élevés que comportait cette intervention chirurgicale pour la vie de maman, DIEU a exaucé nos prières en sa faveur, et par sa grâce, tout s'est très bien passé, et nous avons pu revoir maman, après 8 heures de temps passé au bloc.

L'intervention chirurgicale de maman, outre les risques physiques qu'elle comportait, il y avait également des risques spirituels. ; Car, il n'était pas question pour nos ennemis que maman se remette de son opération.

Maman le savait : elle était accablée de songes dans lequel ses ennemis lui présentaient la mort. Elle sentait la mort. Elle la voyait. Et nous aussi. DIEU avait révélé à plusieurs d'entre nous qu'un combat avait été engagé contre la vie de maman.

Je me rappelle encore le coup de fil de cette amie que j'ai reçu. Elle me raconta que maman était décédée dans son songe. Dans cette période, nous recevions régulièrement ce genre de message, et la tristesse, et le désespoir commençaient à germer dans nos cœurs. Cela a été une épreuve dure pour nous, mais surtout pour maman. Nous priions nuit et jour pour demander l'intervention de DIEU en sa faveur.

Par miracle l'opération s'était bien déroulée et maman était admise à retourner à la maison pour la période de convalescence. Ce fut la première bataille que MON AMI nous donna de remporter.

Cependant, le retour de maman à la maison, va virer au cauchemar. Ma mère sortit de la clinique à la grande joie de la famille. Des pansements devaient se faire selon le calendrier du médecin. C'est pendant cette période que les choses ont commencé à se compliquer : la plaie de maman a commencé à suinter. Le médecin décida donc de faire le pansement assez régulièrement.

Cependant rien n'y fit. Maman souffrait terriblement de douleurs de ventre, de jour comme de nuit, et ne pouvait ni s'alimenter ni boire. On l'emmena alors dans un centre d'imagerie pour lui faire une radio. Les résultats nous plongèrent dans le désespoir : ma mère souffrait à présent d'une occlusion intestinale (blocage total ou partiel de l'intestin, qui empêchait le transit normal des matières fécales et des gaz.). Il fallait opérer maman à nouveau.

Cette nouvelle, aussi vrai qu'elle nous attristait, ne nous surprenait pas pour autant. Le plan de nos ennemis étant que maman reste sur la table d'opération, ils mettaient tout en œuvre pour qu'elle y retourne afin qu'ils accomplissent leurs mauvais desseins.

Ainsi, malgré les douleurs atroces qu'elle subissait, maman refusa cette autre intervention chirurgicale. Elle retourna à la clinique où des calmants lui étaient administrés. Chaque jour, nous la regardions souffrir impuissants. Elle perdait du poids et faisait peine à voir.

Nous priions et invoquions JESUS, le médecin par excellence, pour la rétablir et la délivrer de ses ennemis.

Cependant, son état ne s'améliorait pas, au contraire il s'empirait. Les journées de maman n'étaient plus que douleurs et souffrances. Ses nuits mouvementées, n'étaient que lutte et combat spirituel, contre cet esprit de mort qui s'acharnait sur elle. Quelques jours plus tard, ma mère regagna le domicile où des soins lui étaient administrés sans résultat attendu.

Son médecin traitant n'arrivait pas à expliquer les raisons de l'échec des traitements à soulager ma mère, et nous encourageait à la prière. Un soir, ma mère reçut la visite de deux jeunes frères de l'église.

A la vue de maman et de son état de santé, ils tombèrent à genoux et commencèrent à supplier JESUS et à l'implorer de venir à son secours. En effet, Maman n'était plus que l'ombre d'elle-même. Elle était amaigrie, et son regard n'exprimait plus aucune vie.

Cependant le lendemain matin, o miracle ! o bonheur ! maman réclama de la nourriture après 3 semaines sans rien avaler. Et tenez-vous bien, pas n'importe quelle nourriture, de la nourriture solide, qu'on appelle « attiéké » faite à base de manioc.

Nous étions tous stupéfaits et aussi inquiets, à tel point que nous avons essayé de la dissuader de manger une telle nourriture craignant pour son ventre.

 Cependant maman nous répondit avec foi qu'elle mangerait de tout ce que DIEU a créé et que rien ne lui arriverait.

Après avoir rendit grâce à DIEU, elle mangea son repas et rien ne se passa. Elle ne ressentit plus jamais de douleurs. Ce fut sa délivrance.

LE JOUR OU J'AI CRAINT MON AMI

Je me rappelle qu'un jour j'avais été peinée par l'attitude d'une amie à mon égard. Celle-ci s'était mise avec d'autres personnes pour me frustrer par leurs railleries, leurs moqueries à mon égard. Je me sentais humiliée et complexée vis-à-vis d'elles. J'avais voulu parler de son attitude envers moi en association avec les autres, mais je ne trouvais ni les mots, ni le courage pour le faire. Peu à peu, la tristesse a commencé à faire place à la colère et à la rancœur. J'ai commencé à la haïr à cause de ce qu'elle m'avait infligé comme humiliation.

Un jour, après avoir été l'objet de ses moqueries, je me réfugiai dans les bras de MON AMI et commençai à pleurer.

Je me sentais mal et honteuse. Je lui demandai pourquoi il permettait cette situation. Pourquoi il permettait que je sois l'objet de moqueries et de raillerie. J'avais honte et refusai de sortir de chez moi.

Pendant que je parlais à MON AMI de tout ce que cette amie me faisait subir sous ses yeux, il m'a dit, « je ne veux pas que ton cœur soit rempli de haine et de rancœurs ».

Après ces paroles, j'ai senti comme une fraicheur dans ma poitrine, et peu à peu tout ce qui m'animait de négatif a disparu.

Mon cœur était rempli de paix et d'amour pour cette amie, et j'avais même commencé à rigoler de ces paroles moqueuses.

Je me suis mise à prier pour elle, et à demander pardon à DIEU pour le mal qu'elle me faisait. Plus tard quand je la revis, elle ne cessa guère ces actions contre moi, cependant cela ne m'affectait plus, au contraire, cela m'amusait aussi.

Un jour, mon amie va connaitre une situation des plus humiliantes au point où ces autres amies vont se retourner contre elle. Elle était devenue la risée des gens. Partout on parlait d'elle et de l'humiliation qu'elle avait subie. Elle était peinée et semblait être désorientée. Elle, la grande, la respectée, venait de perdre son prestige. Tous ceux qui la craignaient et la respectaient, la méprisaient dorénavant. Partout, on la montrait du doigt. Elle était dans un état lamentable et faisait peine à voir. Je n'ai pas supporté de la voir subir cette humiliation et je suis rentrée chez moi. Je suis allée dans ma chambre et me suis mise à pleurer. J'avais mal. Très mal. Cette amie avait vécu une humiliation terrible. J'ai demandé à DIEU pourquoi il avait permis cela ? Pourquoi il l'avait mise dans cette situation honteuse ? J'étais effondrée. Je lui en voulais. Pendant que je pleurais MON AMI m'a dit ceci, « tout ce que je te demande c'est de ne point laisser ton cœur être envahi par la colère et la haine. Aime tout le monde y compris ceux qui te font du mal, et laisse-moi m'occuper d'eux ». *Romain 12 :17-19 « Ne rendez à personne le mal, pour le mal. Recherchez ce qui est bien devant tous les hommes. S'il est possible, autant que cela dépend de vous, soyez en paix avec tous les hommes. Ne vous vengez point vous-mêmes, mais laissez agir la colère de DIEU ; car il est écrit : A moi la vengeance à moi la rétribution. »*

Ce jour-là, j'ai craint MON AMI.

MES MISSIONS

Je me souviens qu'un moment donné, je n'étais pas très satisfaite de la vie que je menais. J'avais du mal à concilier vie de famille, boulot et vie spirituelle. J'avais voulu avoir beaucoup de temps pour me consacrer à mes activités religieuses. Malheureusement, le temps' je n'en avais pas. Je commençais mes activités à 5h du matin, et me couchais après que les enfants s'étaient endormies. Je n'avais pas de fille de ménage en ce temps-là et c'était vraiment pénible pour moi. Mes temps de prière diminuaient et j'étais peinée. Les nuits, j'avais du mal à tenir trente minutes dans la prière.

Je me souviens m'être endormie plus d'une fois au cours de mes moments de prière. Mes obligations familiales et mon travail me prenaient beaucoup de temps. Cette situation avait fini par me rendre malheureuse, et cela avait commencé à affecter mon couple.

Un soir, je me suis retirée dans mon bureau pour discuter avec MON AMI. Je lui parlai de tout, sauf de la situation qui me peinait. Alors que je pensais lui "cacher" ce problème, MON AMI me dit ceci : « La première mission que je t'ai confiée, c'est de prendre soin de la famille que je t'ai donnée. En le faisant tu me sers, et mon cœur est réjoui. La deuxième mission que je t'ai confiée c'est ton travail. Fais-le bien. En le faisant, tu me sers et mon cœur est réjoui. La troisième mission que je te confie, c'est mon œuvre. Comme tu le vois, cette dernière mission ne prime pas sur les premières. Celui qui fait mon œuvre et qui délaisse sa famille, son emploi, n'est pas digne de moi, et je ne prends point plaisir à ses œuvres. Lorsque tu murmures et te plains de ton travail ou de tes tâches domestiques, c'est contre moi que tu le fais ».

J'ai compris en cet instant, mon erreur et me suis repentie devant DIEU. La paix et la joie ont envahi mon cœur et je me sentais plus heureuse et reconnaissante pour tout ce que DIEU m'avait donné.

1 Timothée 3 : « …Il faut donc que l'évêque soit irréprochable (…) il faut qu'il dirige sa propre maison, et qu'il tienne ses enfants dans la soumission et dans une parfaite honnêteté ; car si quelqu'un ne sait pas diriger sa propre maison, comment prendra-t-il soin de l'Eglise de DIEU ? (…) il faut qu'il reçoive un bon témoignage de ceux du dehors. ».

Les expériences faites avec JESUS, MON AMI, sont multiples et extraordinaires. Il me serait impossible de vous les décrire toutes dans cette brochure. Cependant la plus effrayante de toutes les expériences vécues depuis ma naissance, fut de loin :

UNE NUIT EN ENFER…

Dans le courant du mois d'octobre 2018, si mes souvenirs sont bons, DIEU m'a fait vivre une expérience terrifiante. En effet cette nuit-là, après ma prière du soir, j'ai entendu une voix me dire : tu mourras ce soir dans ton sommeil.

Je n'ai pas prêté attention à la voix et je me suis endormie. Pendant que je dormais, j'ai fait un songe effroyable : j'étais dans un parking souterrain. Il y avait des voitures qui roulaient à vive allure et qui fonçaient dans un mur.

Les passagers à bord des véhicules hurlaient. Au volant de ces véhicules se trouvaient des êtres vêtus de noir (certainement des démons).

Ils roulaient à vive allure et s'esquivaient au moment de la collision. Ils provoquaient ainsi de nombreux accidents. J'étais avec deux personnes et nous assistions impuissants à la scène.

A un moment donné, l'un des démons nous a surpris en train de les observer, et s'est soudain mis à notre poursuite.

Nous nous sommes mis à courir, et je suis allée me cacher dans une douche dans laquelle se trouvait une parente à moi. Celle-ci, semblant être sous l'emprise de ces démons, m'a livrée à eux. L'un d'eux s'est alors approché de moi et a sorti un couteau. Il s'est mis à me poignarder encore et encore. C'est là que tout a basculé.

Je me suis retrouvée dans un endroit qui m'est inconnu. Il y avait une foule de personnes vêtues de longues robes beiges ou blanc-cassées. Elles marchaient tristement. Je regardais autour de moi, totalement perdue. Soudain, un écran apparut. Il y avait des spirales lumineuses qui s'éteignaient et se rallumaient au fur et à mesure.

Puis, j'ai entendu une voix me dire : « *REGARDE LES PERSONNES QUE TU AURAIS DÛ SAUVER AVANT DE MOURIR* ».

Je n'en revenais pas. Suis-je suis morte alors ? Ai-je demandé.

Autour de moi je voyais des démons torturer les gens. Ils les poignardaient, les attrapaient par le milieu de la tête et les déchiraient jusqu'en bas, et les reconstituaient aussitôt pour recommencer.

Les gens pleuraient et gémissaient. Soudain un des démons s'est approché de moi et a commencé à me torturer. Il avait un couteau avec lequel il me piquait. Je pleurais, je hurlais de douleur, je gémissais. Il y avait partout des cris, des lamentations et des gémissements.

Je souhaitais disparaître de cet endroit effroyable mais cela était impossible. Nous étions nombreux, mais seuls face aux démons qui nous maltraitaient. J'espérais que quelqu'un viendrait à mon secours, mais personne ne vint.

Je me sentais horriblement seule, séparée à jamais des êtres qui me sont chers. Je pleurais amèrement. J'étais terrifiée. Je pensais à ma vie sur terre. Je regrettais d'avoir vécu dans le péché. J'en payais le prix à présent.

 Dans mon désespoir, j'ai commencé à implorer la clémence de Dieu.

Je lui demandais de me pardonner mes fautes, de me donner une seconde chance, la seule, la dernière, pour que je puisse aller vers ces personnes que je devais « sauver », pour que je puisse changer de vie.

Je le suppliais, l'implorais. C'est ainsi que j'ai entendu la voix de mon époux qui m'appelait, et je me suis réveillé. Ouf ! Merci Seigneur Jésus, mon Ami.

Chers frères et sœurs, je ne saurais vous dire avec certitude ce qui s'est passé cette nuit-là. Suis-je revenue d'entre les morts ou ai-je fait un mauvais rêve ?

Quoiqu'il en soit, je suis porteuse d'un message pour toi qui me lit en ce moment : il existe un lieu appelé ENFER qui est réservé à tous ceux qui auront mené une vie loin de DIEU.

En effet à cause de nos péchés, nous méritons la colère et le jugement de DIEU. Le seul juste châtiment pour les péchés commis contre un DIEU éternel et infini, est un châtiment éternel. *(Romain 6:23/apocalypse 20:11-15)*

Cependant DIEU, dans son amour, a envoyé son fils JESUS mourir à la croix pour nous, afin que quiconque croit en lui ne périsse point mais qu'il ait la vie éternelle *(Jean3:16).*

JESUS, par sa mort et sa résurrection, a payé le prix de nos péchés. Le châtiment qui nous était réservé est tombé sur lui. Il n'y a donc maintenant aucune condamnation pour ceux qui acceptent JESUS. *(Romain 8:1).*

DIEU te met AUJOURDHUI face à ton destin. C'est à toi de décider AUJOURDHUI où tu veux passer l'éternité. Satan désire t'entraîner dans sa chute, lui qui a été condamné depuis le commencement. Cependant DIEU dans son amour, désire que tu vives éternellement avec lui dans son paradis. Il te suffit une seule chose :

ACCEPTER JESUS DANS TON COEUR.

L'AMOUR DE DIEU pour nous est réel et pur.

L'AMOUR DE DIEU pour nous, est si grand qu'on ne peut le surmonter, si profond qu'on ne peut le sonder, et si vaste qu'on ne peut le contourner.

L'AMOUR DE DIEU est pour nous esprit et vie.

DIEU désire te faire vivre une histoire d'amour merveilleuse et hors du commun.

Il dit dans sa parole : *Car DIEU a tant aimé le monde qu'il a donné son fils JESUS afin que quiconque croit en lui ne périsse point mais qu'il ait la vie éternelle. Jean 3 :16.*

Voici je me tiens à la porte et je frappe, si quelqu'un entend ma voix et m'ouvre la porte j'entrerai chez lui je souperai avec lui et lui avec moi. Apo 3 :20.

Désires-tu expérimenter cette relation d'amour que DIEU te propose ?

Désires-tu que JESUS devienne TON AMI ?

Alors fais cette prière avec moi :

JESUS, je désire que tu deviennes MON AMI.

Je veux t'expérimenter. Je veux vivre avec toi, parler avec toi, manger avec toi, rire avec toi, pleurer avec toi.

Fais-moi vivre une histoire d'amour hors du commun. Comble le vide en moi.

Fais aujourd'hui ton entrée dans ma vie.

Félicitation !

Une nouvelle histoire commence pour toi.

Une histoire empreinte d'amour, de paix, de joie...

MON POEME A MON AMI

Oh quel bonheur pour moi de te connaitre MON AMI.

Très tôt dès mon enfance tu m'as tendu la main

Très tôt dès mon enfance tu m'as prise par la main

Et tu m'as portée dans tes bras d'AMOUR

Tu m'as montré la profondeur de ton AMOUR

Et plus jamais ma vie n'a été la même.

Il t'a plu de m'appeler à toi alors que je n'étais qu'une enfant

Tu as inondé mon cœur de ton amour et de ta présence

Et tu as fait de ma vie, un jardin fleurissant

Une arme redoutable contre mes adversaires

Un objet de frayeur pour mes ennemis

Très tôt dans mon enfance ils ont voulu m'ôter la vie

A l'image de Moise, de Joseph, de JESUS.

Ils m'ont tendu des pièges,

Ils m'ont tendu des embuscades

Et ont tenté de faire de ma vie un enfer

Très tôt dans mon enfance tu as fait de moi une personne à éliminer,

Car très tôt dans mon enfance tu m'as investie de ta force et de ton autorité !

Tu m'as entourée de feu et de lumière

Et tu as rempli mes ennemis d'effroi et de terreur

Oh quel bonheur pour moi de te connaitre MON AMI

Tu es le socle de ma vie, et le sujet de mes louanges

Mon rédempteur, et mon salut, l'ami fidèle

Celui qui ne faillit en rien

Le véritable.

Tu as donné un sens à ma vie

Une raison d'être à mon âme

Tu as rendu mes jours sur terre encore plus beaux

Tu as attisé la colère de mes ennemis par l'abondance de tes grâces dans ma vie

Par les privilèges dont j'étais l'objet de ta part

Tu as fait de moi la bien- aimée de DIEU

Que ton nom est grand JESUS

 Tu es l'incarnation de l'AMOUR

Ton amour est source de vie

Et chaque jour, tu me donnes de m'abreuver à la source de ton amour

Et je suis continuellement rayonnante de gloire

Ton nom est un bouclier pour qui se confie en toi

Un secours infaillible au jour de la détresse

Un secours inégalé et inégalable

Une haute forteresse !

Tu m'as couverte d'amour

Et cet amour a recouvert mes péchés

Les a effacés de la surface de la terre

Tu as cloué à la croix la bouche de l'accusateur

Me délivrant de toute culpabilité

Et me libérant du pouvoir du péché.

Tu as courbé mes ennemis devant moi

Et tu as fait d'eux mon marchepied

Tu as rendu mon nom grand

Tu as fait de moi une source de bénédiction pour les nations

Que tu es beau ô MON AMI

Que tu es aimable

Ton nom est une source intarissable d'amour

Une fontaine d'allégresse.

Tu m'as fait triompher de la mort

Tu m'as donné la vie alors que les liens de la mort m'environnaient

Alors que ton souffle m'abandonnait

Et que je m'apprêtais à dormir, de ce sommeil de la mort

Alors que mes ennemis se réjouissaient à mon sujet,

Tu as menacé la mort

Elle s'est enfuie et n'a plus jamais osé revenir

Tu m'as prise par la main et tu m'as mise au large

Tu m'as rendue vainqueur d'elle

Tu seras à jamais le sujet de mes louanges

Et ton nom demeurera continuellement dans ma bouche

Je parlerai de toi aux nations

Je ferai connaitre ton nom au monde

Je dirai au monde comment tu es puissant

Je dirai au monde comment tu es grand

Je dirai au monde qu'il n'y a point d'autre DIEU que toi

Qu'il n'y a point de sauveur que JESUS CHRIST

Je dirai au monde que tu es la solution

Je dirai aux nations que tu es la solution

Pour l'homme qui est en peine, Tu es la solution

Pour l'âme égarée, Tu es la solution

Pour l'homme qui n'espère plus rien, Tu es la solution

Tu es la solution pour l'homme qui désire une vie en abondance

Tu es la solution pour l'âme abandonnée

Tu es la solution pour l'âme mourante.

Tu m'as donné une famille merveilleuse

Un époux merveilleux

Des enfants merveilleux

Des parents merveilleux,

Des beaux parents merveilleux

Des frères et sœurs merveilleux

Des amis merveilleux

Des collègues merveilleux

Tout autour de moi n'est que merveille

Gloire, Gloire, Gloire te revienne !

POEME DE MON FILS OTHNIEL POUR SON DIEU (8ans)

La nuit quand je dors, JESUS me garde.

Quand le méchant veut s'approcher de moi JESUS le chasse.

Quand il se cache pour nous attraper JESUS le chasse.

Quand on pèche, c'est la puissance des ténèbres.

Pour ne pas pécher il faut se rappeler où on va aller.

On va aller au paradis si on ne pèche pas.

Si tu pèches, demande pardon à JESUS pour tes péchés.

POEME DE MA FILLE AURORE POUR SON DIEU (8ans)

Si vous avez des difficultés, criez à DIEU et il vous répondra.

JESUS est mort sur la croix pour nos péchés.

Croyez en DIEU et vous serez sauvés.

Que DIEU vous bénisse.

J'avais mal à l'oreille et au ventre. On me soignait mais ça n'allait pas mais DIEU m'a guérie.

Nous devons nous aimer les uns les autres et aimer DIEU, le sauveur de la terre, sans lui nous ne pouvons pas vivre.

***Marie Ange** (3ans) et **Ange Emmanuelle**(2ans) remercient DIEU pour leurs vies et celles de leurs parents et grands-parents.*

Je dois la réalisation de cet ouvrage à mon époux M. KOUADIO Brice, qui n'a cessé de m'encourager dans l'œuvre de Dieu. Il m'a fortement appuyée par ses conseils et son soutien sans faille. Qu'Il trouve ici l'expression de ma reconnaissance.

Merci aussi à mes enfants qui ont supporté l'absence de leur maman et compris son engagement vis-à-vis de Dieu. Je n'oublie pas non plus le couple pastoral ATTELE, et ma famille pour le soutien qu'ils m'ont apporté. Merci à tous ceux qui de loin ou de près ont participé à la rédaction de cet ouvrage.

A mes enfants,

Othniel, Aurore, Marie-Ange, Ange Emmanuelle...

Ce livre pour vous montrer le chemin qui conduit à la vie : JESUS.

Puissiez-vous l'emprunter à votre tour, en faisant de JESUS VOTRE AMI, afin de connaitre une vie pleine d'abondance.

Car JESUS est le chemin, la vérité et la vie. En dehors de lui il n'y a point de vie.

Pour vivre ta foi chrétienne et grandir spirituellement, je t'encourage à fréquenter une église vivante de JESUS CHRIST. Si tu ne sais pas comment t'orienter tu peux nous joindre à :

Adresse : danielledamana@gmail.com

WhatsApp : +225 53893810/Côte d'Ivoire

Bingerville/Facebook : Carole Danielle

Table des matières